LA EDAD DE LOS FANTASMAS

BENJAMÍN PRADO

LA EDAD DE LOS FANTASMAS

VISOR LIBROS

VOLUMEN MCCLXXXIX DE LA COLECCIÓN VISOR DE POESÍA

Cubierta: Pablo Pino (sobre una ilustración de Gustave Doré para *El cuervo*, de Edgar Allan Poe)

Isaac Peral, 18 - 28015 Madrid
www.visor-libros.com

ISBN: 979-13-87745-89-9
Depósito Legal: M-25168-2025

Impreso en España - Printed in Spain
Gráficas Muriel. C/ Investigación, n.º 9. P. I. Los Olivos - 28906 Getafe (Madrid)

¿No has entendido que si los fantasmas son invisibles es porque los llevas dentro?

Marguerite Yourcenar

A veces gritas desde tu tumba que estás solo,
pero eso no es verdad, ni tampoco que has muerto:
yo misma he visto pasos tuyos en el rocío.

MARY ROBINSON

EL OLVIDO ESTÁ HECHO DE LO QUE YA NO DUELE

Estos son los poemas
de alguien que ha besado en el espejo
los labios de un fantasma
y quiere irse contigo cuando cierres el libro,
igual que al salir de los museos
las estatuas nos siguen.

Estos poemas son el final de un combate;
sus palabras
han devorado a todos sus sinónimos
—si comparas dos cosas,
                                        las vuelves enemigas—
y han impuesto su ley.

Estos poemas
                        quieren regresar al pasado
para hacerles mover los labios a los muertos;
quieren ser una historia que todo el mundo sabe
pero sólo yo sé cómo contar.

Trabajo día y noche —el pensamiento
es igual que una selva: jamás están dormidos
todos los animales a la vez—

y leo a mis maestros
si la idea no llega,
como el jugador
pide
al dios de los casinos
ganar lo suficiente para seguir perdiendo.

Estos poemas quieren
plantarle cara a un mundo en que todas las manos
descienden de la mano de Caín;
avisar
que la historia
se repite
sólo si la callamos;
ir hasta donde están las cosas que se han ido
y hacerlas despertar:
la memoria es el pasado en movimiento.

Si te escondes en ellos
no podrán encontrarte:
la muralla de libros no detendrá a los bárbaros
—a menudo exageran las tumbas de los héroes—;
pero si estamos juntos
no habrá espacio en tu casa para la soledad.
Yo te defenderé,
confía en mí:
si sumas mis heridas
sabrás qué fuerte soy.

El olvido está hecho de lo que ya no duele
y yo te llevaré a él: estos poemas
no van a cometer contra quienes los lean
el crimen
                de contarles
                                la verdad.

VESTIDOR

María siempre quiso tener un vestidor
y lo hemos hecho en nuestra nueva casa.
Su ropa
cuelga allí
de todos los colores,
lo mismo que banderas en una convención,
y me habla de nosotros
con el lenguaje que usa un castillo en ruinas
para dar
sus lecciones
acerca del olvido.

Cuando ella no está
me siento en ese cuarto y escucho a sus fantasmas:
la camisa del día en que me dijo
«no es bueno
ser amados
por alguien que no sabe lo que quiere»;
o el traje que llevaba aquella noche
en la que todo estaba a punto de caer
como un soldado muerto que cuelga de un caballo.
No sé
quién dijo a quién:
suéltame y serás libre,

pero el otro
no le obedeció.

A veces
acaricio uno de sus vestidos,
recuerdo
cuando todo
era así de suave,
antes de que su orgullo fuese a buscar al mío
como un animal preso al que se deja libre
y corre a reunirse con otros de su especie.
Sólo
hay
una forma
de poder conservar lo que crees que es tuyo:
volver a pelear por ello cada día.
Sigue siendo quien eras o nada será igual.

Entro en el vestidor
y de algún modo
estoy en el pasado de esta casa,
en un tiempo
donde todo parece ser aún para siempre,
todo está en orden,
nadie ha resultado herido…
O igual es al contrario,
esto ya es el futuro
y al llegar del colegio
los niños y su madre
van a pasar sin verme y a través de mí,

del modo en que un avión
cruza una nube.

¿Se detendrá de pronto alguno de ellos
—quizá el que lleve puesto mi reloj y mi anillo—
como quien nota una presencia extraña
o conoce unos pasos en la oscuridad?
¿Bajará la escalera
y entrará a mi despacho
para asegurarse de que sigue vacío?

La ropa de María es un ejército,
es el barco de *El holandés errante*,
es una isla,
un baile de disfraces,
un bosque,
un museo en que cambian de rostro los retratos,
un verso de Grace Paley
que dice: «Es responsabilidad
del poeta ser una mujer». Tiene razón,
la vida de un adulto
consiste
en que has dejado
de estudiar,
pero no de suspender.

El corazón tiene sus matemáticas
y su filosofía: una pareja
es la suma de dos personas que se abrazan

y no saben
cuál es
la que está temblando.

He oído abrirse la puerta de la calle.
Ya vienen
y yo vuelvo a estar aquí,
lo mismo que si Dios o el doctor Frankenstein
me hubiesen conseguido traer de entre las tumbas
para darme
otra oportunidad.

He abierto los ojos y ha cesado el ensueño.
Pero a modo de aviso a navegantes,
al salir,
he tocado
con los dedos
la ropa
de María
y en el silencio de la habitación
he sentido a mi espalda
el rumor de una sombra al retirarse,
el sonido de un monstruo surgido del abismo
que reptaba
de vuelta
al más allá.

ÚLTIMAS TARDES CON JUAN MARSÉ

Fue el último habitante que tuvo Barcelona.

Se le veía andar despacio por las calles
de Sicilia o Bailén,
como recién salido de una de sus novelas,
con la mirada de alguien para el que hacía mucho
que la realidad era el extranjero.

La ciudad que pisaba
                    ya no estaba allí
y él la reconstruía
para salvar su historia y comprender quién era:
sólo sabes de ti lo que sepas contar.

Con su cara de antiguo boxeador
y sus ojos románticos, se parecía a un verso
de Mercè Rodoreda en que se llama
una abeja furiosa de su miel;
pero le conmovían
la asistenta que llora sobre unos vasos rotos,
las personas que entran a las tiendas con miedo
o los desempleados
                    que vagan por las plazas
como salmones remontando un río.

Si había que opinar, le gustaba hablar claro
no era de los que piensan
que a veces
la verdad
hay que callarla por su propio bien;
pero al escribir iba con pies de plomo,
tachaba cada frase hasta hacerla intachable.
—*Me gustan los problemas* —dijo un día—:
y sólo es divertido
perseguir
lo que trata
de escapar.

En su prosa
se oyen
el reloj del pasado,
las olas de la infancia
y la música lenta de la melancolía.

Creo que Juan Marsé tuvo tres sueños:
ser autor de una obra como la suya,
su familia y su casa en Calafell.
Allí lo había visto tan feliz un verano,
tan en su personaje de estatua que desciende
del pedestal y finge ser un hombre cualquiera,
que cuando una tarde,
ya cerca del final,
tras hablar de ambulancias, clínicas y diálisis,

me contó
que la había
tenido
que vender,
salí de su despacho con el corazón roto,
no dejé de llorar en el vuelo a Madrid.
Sabía lo que aquello significaba: todo
había terminado.

Ahora ya no vive nadie en Barcelona,
ya no existen las Ramblas de Jaime Gil de Biedma,
ni el restaurante al que iba siempre Joan Margarit;
y desde que también él se fue,
ya no queda
ninguna puerta a la que llamar.

Hay días que no quiero formar parte de mí.

EL LIBRO MILAGROSO

Esta historia la sabe todo el mundo,
se ha contado mil veces:
alguien encuentra un libro milagroso
que obliga a quien lo abre
a vivir
línea a línea
lo que dicen sus páginas,
como si lo que lee fuese una maldición
escrita
en la palma
de la mano.
Su tinta es un veneno en la mirada,
sus hojas,
el tarot de una hechicera,
las alas de una tribu de demonios,
los pétalos
de las flores del mal.
Cualquier cosa que ocurra en él, va a sucederte
—peligros,
aventuras,
conspiraciones,
guerras—
y sólo
quien supere

cada una
de sus trampas
—imaginad espectros,
momias
o un dragón—,
podrá volver a la realidad.

Se me ocurre otra idea: una autobiografía
de la que se pudiera
suprimir
lo que duele
y hacer que nunca haya sucedido.
¿Sabrías responder,
si alguien te preguntara,
qué planes tienes para tu pasado?

Sé que mejorarían mis recuerdos
si borrase
mis huellas
del camino
a la boca del lobo
—ya lo dice Adrienne Rich: *no hay nada más sencillo*
que despertar al lado de un extraño—
y cambiar, por ejemplo, el haber compartido
todo lo que tenía
con quien después usó su mitad contra mí.
Cuando acabé esa guerra,
parecía
uno de esos soldados que vuelven a sus casas

rotos,
como esculturas
griegas
a un museo;
pero haber caído me hizo ponerme en pie:
no hay
revolución
que no comience
a las puertas de una panadería sin pan.

Ojalá se pudiese
hacer con la memoria lo que con un poema:
corregirla,
quitar las palabras que sobran,
igual que quien devuelve un pez al agua,
como quien rompe en dos una fotografía…

Un verso que se tacha
es lo mismo que un mal recuerdo que se olvida.

LOS DOS JOAN MARGARIT

De una noche con él se regresaba a casa
como quien llega a puerto después de un largo viaje
a una isla
                  donde ha sido feliz
y sin estar seguro de quién de los dos era
ese hombre: ¿El de la risa alegre
o el de los ojos tristes como un bosque quemado?
¿El que odiaba a Neruda o el que amaba sus versos?

La respuesta no está en su poesía,
porque en ella hay lugar para el rencor
—esa nieve que nunca olvida una pisada—,
se siente la amargura de quien perdió una hija
y se escucha la voz de la derrota,
el ruido
               de cristales rotos
                                        que hacen
los sueños al caer;

pero no hay sitio para la venganza
ni la ira.
                 En eso eran iguales
el autor y sus obras: de repente,
en la mitad de un drama se volvía optimista,

encontraba un motivo para seguir viviendo
y el dolor,
era una niebla que se lleva el viento,
era un lobo que vuelve a su guarida.

Le conocí a la edad en la que, como él dice,
ya se lleva el tiempo en la mirada,
pero aún conservaba una ambición tímida
de arquitecto que aspira a la literatura.
Llamaba a los poemas
que escribió *la casa de la misericordia*,
y allí vuelvo a menudo a recordarle.
Los creyentes
                    temen a lo que rezan,
pero el lector confía en sus maestros:
aunque tenga sus dioses, en una biblioteca
nadie se debe de arrodillar.

Muy pocos días antes de irse con las tinieblas,
me llamó,
               sin decir
                         que era una despedida,
y fingimos los dos
que no estaba
                    al borde de la muerte,
que no se la escuchaba ya en su voz.

Si es que eso es verdad,
                              porque hace un instante,
Joan Margarit estaba aquí mismo, a mi espalda,

se han oído unos pasos
como los que él daba al recitar en público,
con la vista en el suelo,
igual que si buscase una idea perdida,
y me ha dicho,
                                        en voz muy baja: —*Són*
menys cada vegada els qui ens recorden.
Son menos cada día los que aún nos recuerdan.

He abierto un volumen de sus obras completas
y había dentro algo misterioso,
                                                                          una especie
de calor en el aire,
                                                  un halo de energía
parecido al que queda suspendido
en la oscuridad
tras el paso de un tren que se aleja en la noche,
como si al notar que alguien llegaba
acabase de huir el refugiado
que vive
                    ahí
                            escondido.

DEDICATORIAS

Me da pena mirar los libros dedicados,
porque llevan
                    las firmas
de las mujeres y hombres que me hicieron quien soy:
si yo creyese en santos,
                              les rezaría a ellos.

Recuerdo bien el día que les pedí el autógrafo:
me parecían seres caídos de una nube,
inclinados sobre el papel,
                                tan dignos,
como si ya posaran para este poema;
y que al escribir mi nombre junto al suyo
eran el capitán que me alistaba
en la tripulación
                       de su barco hacia Ítaca.
Si he llegado a algún sitio fue siguiendo sus huellas.

Bien mirados,
                    no parecían héroes,
criaturas románticas, ni personajes épicos
—Byron sólo quería buscar *una belleza*
que le hiciera erigir y arrasar otra Troya—
sino gente normal que tenía sus dudas

—no hay peor jeroglífico que la página en blanco—,
más que magia hacía artesanía
y a veces fracasaba —aunque ya saben: sólo
puede ser derrotado quien trata de vencer.

En muchos casos eran figuras literarias,
nombres cuyo pasado
                                        tal vez
                                                  les condenase
a pelear contra sus propias obras,
sabiendo que esa guerra la tenían perdida.
Hoy es aún peor: en la era del vértigo,
nadie mira atrás.

Me he dejado los ojos en su prosa y sus versos
y a unos cuantos les quise
cuando el azar
                              los puso en mi camino,
como la noche ofrece a quien va a la deriva
y con la tempestad dentro del corazón,
el faro de la luna.

Vuelvo a mirar sus letras —parece que se mueven
como ríos de tinta— y les veo las manos,
con sus venas azules, sus anillos de oro,
el tiempo que avanzaba
despacio y a la vez deprisa en su reloj.

Y mientras me pregunto
qué va a ser de estos libros,

dónde irán a parar, quién eres tú y qué buscas,
me ha perecido oír en la corriente
dos voces que decían: *oh muerte, pan de todos,*
quién vive aquí y quién es el que ya no está.

CARMEN LAFORET Y LA MUJER DE BLANCO

Siempre ocurre a la hora
en que los días
cambian
de piel,
se para el pulso
de la luz,
cae el sol
y la noche se hace dueña del mundo
con un gesto de mano que atrapa una moneda;

es el momento
en que vuelven los pájaros a las torres en ruinas
y el paseante
solitario
entiende
que paga con su sombra el precio de la luna;

cuando crece la mala hierba de la sospecha
en la otra mitad de las medias verdades
y todo se parece
al ruido
de unos pasos
en las casas vacías;

el aire de los bosques
hace con hojas secas las escamas del monstruo
que verás en tus sueños;
en la ciudad hay miles
de camas donde duermen juntos dos enemigos;
y el biógrafo lee
las palmas de las manos de los poetas muertos…

entonces es cuando ella se aparece
en una curva de la carretera.

Ahí tienes a la mujer de blanco.
Es parecida al humo dentro de una botella.
Los conductores piensan que está hecha de nieve.
Y yo,
no sé por qué,
si la imagino,
veo
a la escritora Carmen Laforet.

¿Quién era en realidad aquella novelista,
aquel ser misterioso que firmó obras maestras
—*Nada*, *La insolación*, *La isla y los demonios…*—,
que huía de su fama como de un asesino
y una tarde
me respondió al teléfono:
—*No me vuelva a llamar, deme por enterrada*?

Había
algo frágil
y a la vez afilado

en la vajilla rota de su voz.
Ella me hablaba igual que quien intenta
descifrar una letra que no se entiende bien
y yo la oía
como si contemplase cobrar vida a una estatua.

¿Por qué se fue?
                                    ¿Por qué eligió el silencio
y la belleza trágica de lo inacabado?
¿Quiso evitar el daño que hace quien se defiende?
¿Qué la hizo rendirse a los que había vencido?
«Existir es un plagio», dice Emil Cioran.

Miro hacia atrás,
                                        intento
hacerme amigo suyo en el pasado,
y sus libros
tampoco me responden;
ya no saben quién fue,
de dónde vienen
o cómo llegó ella hasta ahí.

El caso es que nunca volví a marcar su número
ni dejé de beber el agua de su prosa.
Y hace mucho
                                    que es mi mujer de blanco.
No le hago preguntas porque he comprendido
que hay cosas que se pierden si tratas de entenderlas.
A veces
                  me visita en mi habitación,

me ayuda en el trabajo,
reescribe unas líneas,
cambia un argumento
o me dicta la forma de hablar de un personaje.
Quien no me crea,
                    nunca echó a nadie de menos.

Cada vez que perdemos a alguien, deberíamos
cambiar de nombre,
                    porque somos otros.
Yo no sé cómo puede soportar lo real
quien no sabe hablar con sus difuntos.

para Rebeca Jiménez

EL MÉDICO

—Tenía que ocurrir, tarde o temprano.
Era cuestión de tiempo que cambiara tu suerte,
se apagase tu estrella —me dijo—. *Y esta vez*
no va a poder salvarte la campana.

Sus ojos eran los de las serpientes.
Sus palabras, veneno.
—Ha llegado tu hora
de saber que la vida lo es porque se acaba,
como la arena
            sólo
                es tiempo
                        cuando cae.

Hablaba y a su espalda ardía el fuego.

—Prepárate y que Dios te pille confesado:
de este valle de lágrimas
nadie se marcha sin pagar sus culpas.
Todo lo que respira
tiene principio y fin.
Qué te habías creído.

Y movía
las manos
en el aire
igual que si tejiese una tela de araña.

Yo intentaba gritar,
pero él me había
arrancado la voz.
Pensé en tantas mañanas de sol desperdiciadas,
pensé en la vanidad,
la soberbia,
la envidia,
la droga del dinero, las guerras familiares,
los egos literarios, las batallas domésticas,
las luchas del orgullo,
los verbos de la ira…

—No volverá a salir la luna para ti.
Te llorarán tus hijos, pero a los pocos meses
malvenderán tus obras a libreros de saldo;
todo lo que quisiste se marchará con otro;
caerás en el olvido.

Y entonces volví en mí:
no había ningún monstruo, sólo un médico.
Pero algo había visto en mis radiografías…

Me fui de la consulta
como quien al salir de un lugar oscuro
parece hecho de las mismas sombras.

Recordé a Mary Oliver, esos versos que dicen
que *los pájaros no poseen nada*
y es por eso que pueden volar. Yo, sin embargo,
no tengo mucho, pero sí mucho que perder.

Cuando el poema inventa otro lenguaje,
todo lo conocido da un paso atrás:
igual que ocurre a veces cuando habla el doctor.

LOS ENEMIGOS

Están ahí.
Vigilan.
Nunca duermen.

No sabes quiénes son
qué buscan
o de dónde
les viene tanta inquina,
por qué sueñan llenar sus copas con tus lágrimas,
quién es
el hombre del que hablan cuando hablan de ti.

Algunos
llevan décadas
siendo tus enemigos,
sueltan en las tertulias
al escorpión que vive dentro de los insultos,
clavan sus alfileres en tu nombre,
te atacan en las redes sociales,
hacen críticas
feroces de tus obras,
te amenazan,
dicen que ocultas algo,
que no eres trigo limpio, que se te ve venir.

Los hijos de la ira jamás cierran los ojos,
hablan
como quien nunca
ha probado
el azúcar de un beso,
cantan canciones tristes con sus lenguas de víbora
y si algo te va bien,
lloran veneno:
ellos jamás perdonan la alegría.

Tal vez
sólo repiten
lo que oyen,
son víctimas
de estos tiempos en llamas,
y es en la hierba seca donde antes prende el fuego.

Dicen que no mereces nada de lo que tienes,
que nunca sopla el viento a su favor,
que donde estás es siempre el sitio equivocado,
que la vida que llevas te ha caído del cielo.

Si eres feliz
se creen con derecho a vengarse,
a quemar tu cosecha y sembrar la amargura;
y mientras te persiguen con un hacha en la mano
van de la indignación a la indignidad.

Y yo que sólo quiero amor para mi casa,
salud para los míos y pan para los pobres,

que llevo
enterrado
dentro del corazón
el mineral oscuro de la melancolía,
escribo mis poemas con gratitud, con miedo
de que cualquiera —y este también—, ya sea el último,
busco ideas,
                desciendo a las palabras
igual que si el idioma fuese el fondo del mar,
leo en los libros de otros el mapa del tesoro
y al oír que esa gente,
                        la del ruido y la furia,
araña
     el cristal
                  de mi ordenador
como zombis tratando de entrar a una cabaña,
me quedo más tranquilo: algo habré hecho bien.

«Los espíritus huyen —dice Shakespeare—
cuando llega la aurora y sienten que se vuelan
los veloces dragones de la noche».
Y así es: se han marchado, heridos por la luz.
Igual que los vampiros.

JAVIER MARÍAS YA NO GANARÁ EL NOBEL

Enciende un cigarrillo y dice: «No hay espíritus
más difíciles de ahuyentar
que los que han dormido en nuestra habitación».
Y lanza una columna de humo hacia el cielo.

Él es así, sarcástico, y se hace el distante;
escondido en la niebla fría de la ironía
no se deja engañar por lo que le sucede
y a veces
se comporta
igual que si acabase
de arrancar de su piedra la espada Excalibur
y aguardara el momento en el que todo el mundo
se pone
de rodillas
ante el nuevo rey.

Pero igual que hay recuerdos que nos llevan
la contraria,
sus ojos le traicionan,
no son de hombre áspero, sino sentimental:
lo que alguien parece no cambia lo que es.

Veo a Javier Marías,
está en mi biblioteca,
fuma tranquilamente
—por desgracia,
el tabaco
ya no le va a hacer daño—
y ha mirado hacia mí cuando he dicho su nombre
como si lo formasen dos palabras
que para él no tienen ningún significado.
No me ha visto: será uno de tantos sueños
que no se acuerdan de nosotros al despertar.

Casi me gustaría estar ahí con él,
porque echo de menos nuestras conversaciones,
su voz de personaje de Scott Fitzgerald,
las cenas en su casa,
los regalos
que le gustaba hacerme y recibir…

«El poema se escribe con manos de fantasma».
Le gustó mucho este verso de Roque Dalton
que le llevé una tarde
y que ahora recuerdo
porque así mueve hoy las mías la escritora
Sharon Olds y le dice,
exagerando un poco:
«Yo deseé que todos se murieran
porque tú estabas muerto y que todas las cosas
fueran igual de duras que tu muerte
y que todas las cosas estuviesen ya rotas».

Seguro que son muchos los que, sin ir tan lejos,
extrañan su figura de personaje incómodo,
la libertad con que se permitía
nadar
        contra corriente
                        en estos tiempos líquidos
en que la hipocresía
nos nubla
la razón.

Está sentado cerca de sus libros,
quizá sale de ellos por las noches.
Cuando el escritor muere, sus obras son su sombra
y lo mantienen vivo,
                        como un acueducto
finge que aún existe el imperio romano.

Hojeo sus novelas
                    y en las dedicatorias
se ve que no imagina que morirá tan joven:
el cuerpo se refleja en la caligrafía,
con los años,
                la letra se vuelve temblorosa
—como si a ella también le dolieran los huesos—
y la suya está aún segura de sí misma,
avanza en dirección al premio Nobel,
o eso se decía. En mi opinión
lo hubiese merecido.

He cerrado la puerta,
no quiero molestarle.

Que vague por el cuarto mientras todo esté oscuro
y cuando salga el sol
                                        vuelva al olvido
igual que las palomas van y vienen
de los versos de Alberti a los tejados.

PROCESO DE CREACIÓN

Estoy en un hotel, igual que tantas noches,
y trato de escribir este poema.

La lectura de hoy ha resultado un éxito
—sé que en esta ciudad hay gente que me quiere—,
han ido bien la firma de ejemplares
y la cena con la organización.

Me siento agradecido.

Pero necesitaba volver a mis papeles,
al mundo en el que siempre soy feliz.
—*Todo lo que he amado lo he amado solo*,
dice de mí un verso de Edgar Allan Poe.

Así que aquí estoy yo, al final de este viaje,
cambio una palabra
igual que quien coloca un hueso dislocado,
quito un adjetivo como si succionase
el veneno de una mordedura…
y la serpiente
                    baila
                              otra vez
                                        para mí.

Entonces veo al hombre: está sentado
en la cama y mira la hora en su reloj.
Parece envuelto en niebla
y en sus ojos
hay un humo de hielo.
—*Yo he muerto en este cuarto* —me dice, de repente—
hace ya mucho tiempo. Esta es mi historia...

No le quiero escuchar, no quiero que me hable.
Le doy la espalda y pienso: «Los espíritus
no existen,
ni tampoco el más allá».
Pero flota en el cuarto un perfume diabólico
y oigo voces: un coro que pronuncia mi nombre.
—*¿Has venido* —pregunto— *a llevarme contigo*?

Fuera, todo está en calma. No hay tormenta ni hay lobos;
no hay viento
ni una rama que arañe las ventanas.
Pero en la habitación,
la cara del espectro
cambia una y otra vez: es un desconocido,
es alguien a quien quise... El visitante
señala este cuaderno donde escribo y me dice:
—*¿Crees que de verdad te merece la pena?*
¿Sabes que los lectores huirán de tus obras
en cuanto tú no estés, lo mismo que quien salta
a la mar
desde un barco
que naufraga?

—Es mi vida —contesto— y él responde: *—Estás ciego,*
lo invisible te impide ver la realidad.

Sé que me enfrento a un ser astuto y poderoso,
hecho de mis temores y mis dudas.
Sin embargo,
                    conozco la forma de vencerle,
la manera de entrar a la casa que arde
para salvar al fuego:
tacho una de estas líneas y él sonríe triunfal,
con dientes de vampiro;
pero vuelvo a ponerla donde estaba y el rostro
se le llena de ira; invento otra y ruge
—tiene ahora la forma de un diablo entre las llamas—
y a la tercera
                    empieza
                              a desaparecer.

Los libros son dos cosas:
lo contrario del miedo y de la soledad.

HOMBRE-LOBO

El hombre-lobo busca alguien a quien cazar;

no se esconde en las sombras de las calles más tristes,
donde el tiempo no pasa
                                        y el silencio está vivo;
ni persigue a la gente por bosques solitarios,
a la luz de la luna;
no duerme en cementerios
                                        ni teme al cazador
de las balas de plata;
y si alguien descubre su verdadero rostro,
le hace creer que sueña:
—Si me has visto —le dice— es que no estás despierto.

El hombre-lobo actúa
a cara descubierta y a plena luz del día;
viste trajes azules,
                              viaja en primera clase,
en su agenda hay políticos y hay hombres de negocios
con los que mira el mundo desde los rascacielos;
su trabajo es hacer que en esta vida
de igual quien gane, mientras siempre pierdan los mismos.

El hombre-lobo aúlla por las noches
en los pisos de las familias desahuciadas,
roba las medicinas de los ambulatorios,
baña en oro la fruta de los hipermercados

y en épocas de crisis declara a los periódicos
que todo lo que crece lo hace hacia su caída:
«¿Cómo se les ocurre intentar ser felices?».
«¿Cómo se han atrevido a tener esperanzas?».

No le sigas,
                    no creas en él,
                                        no le defiendas:
se beberá tu sangre, derribará tu casa;
no le escuches,
                    no seas su soldado;
no es tu salvador, es tu enemigo.

PESADILLA

Me levanté, en medio de la noche,
creyendo oír un lobo o que me perseguían.
La luna entraba al cuarto
como un médico con su bata blanca
en una habitación de hospital.

En la cama,
mi esposa y yo
dormíamos.
«Parecemos», me dije,
«dos árboles que crecen en un bosque incendiado»,
y me acordé de la felicidad
como quien se curó vuelve a sentir el vértigo
de la muerte
al oír
pasar
una ambulancia.

El tiempo hasta las lágrimas las transforma en nieve.
Pero de igual manera
que en los sueños
estamos
a salvo de nosotros,
recordar nos defiende del presente:
«Oír tu nombre era», dice Ilhan Berk, «lo mismo

que escuchar derrumbarse una muralla»,
y me pregunto cómo hacer que esos dos versos
vuelvan a ser verdad.
                                        Si hay algún médico
a bordo de este libro,
que se identifique y cierre nuestra herida.

Miré otra vez al hombre y la mujer: sus cuerpos
eran de vidrio
                              y vi toda mi vida
a través de su piel.
La gente que más quise susurraba:
«Ven con nosotros, sabes que aquí está tu lugar».

Ella y él se movían
igual que si nadasen entre barcos hundidos,
con un ir y venir de fieras enjauladas
y eran dos pasaportes de países en guerra,
y eran claveles rojos dentro de un fusil.

En la ventana
las palomas cantaban la canción del demonio
a la vez
          que trataban
                                        de romper
                                                      el cristal.

Abrí los ojos.
                              Quise contaros esta historia,
atrapar el relámpago dentro de la botella.

Antes de que ya nadie estuviese a mi lado.
Antes de que triunfara
como siempre
el olvido.

Escribir es buscarles castillo a tus fantasmas.

Aquí es donde acaba el viaje y comienza
lo que dejas atrás.

Svetlana Cârstean

No podías haber nacido en mejor época
que esta en la que todo se ha perdido.

Simone Weil

dedicado a Carles Francino

ÍNDICE

Esta primera edición de *La edad de los fantasmas*
se acabó de imprimir el 1 de noviembre
de 2025, festividad del Día de
Todos los Santos.